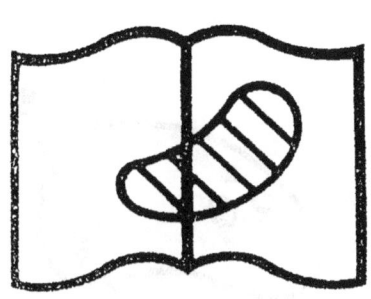

Illisibilité partielle

Valable pour tout ou partie
du document reproduit

Couverture inférieure manquante

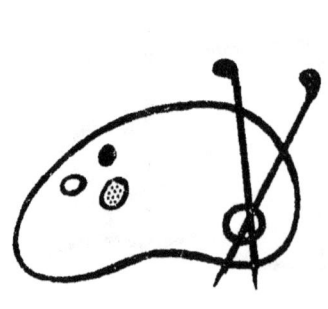
Original en couleur
NF Z 43-120-8

A Monsieur Léopold Delisle
reconnaissant hommage
Ph. Tamizey de Larroque

DOCUMENTS INÉDITS

RELATIFS

A L'HISTOIRE DE BAYONNE.

UNE DOUZAINE

DE

DOCUMENTS INÉDITS

RELATIFS A

L'HISTOIRE DE BAYONNE

PUBLIÉS

PAR

PH. TAMIZEY DE LARROQUE.

AUCH

IMPRIMERIE ET LITHOGRAPHIE FÉLIX FOIX, RUE BALGUERIE.

1875.

Extrait de la REVUE DE GASCOGNE.

Tiré à part à 50 Exemplaires.

Les *Etudes historiques sur la ville de Bayonne* par M. Jules Balasque, avec la collaboration de M. E. Dulaurens, archiviste de la ville, remplissent déjà deux volumes in-8° de près de 500 pages chacun (t. i, 1862, t. ii, 1868). L'ouvrage, espérons-le, sera, je ne dis pas continué, mais achevé par les deux estimables érudits (1). Je serais fier de les aider en quelque chose, et je voudrais que les documents ici groupés leur fussent assez utiles pour que mon concours d'un moment laissât une trace dans un livre qui sera d'autant plus durable qu'il est plus consciencieux.

Le premier de ces documents est daté du 13 avril 1570; le dernier, du 6 novembre 1653. Parmi les documents compris entre ces dates, j'en signalerai deux qui me paraissent particulièrement intéressants : une lettre du 18 septembre 1591, écrite des Eaux-Chaudes à M. de la Hillière, gouverneur de Bayonne, par la reine régente Catherine de Navarre, lettre qui témoigne du grand cœur de la princesse et qui est véritablement digne de la sœur de Henri IV; et une lettre, du 31

(1) Longtemps après avoir écrit ces lignes, j'apprends par une note de la *Revue de Gascogne* (janvier 1875, p. 54, l. 2) que M. Balasque n'est plus, et je consigne ici l'expression de mes plus vifs regrets. Je n'avais fait qu'entrevoir M. Balasque, mais il m'avait laissé le meilleur souvenir de sa cordialité, de son amabilité. Ce serait une consolation pour moi d'apprendre que ses précieux manuscrits seront complétés et publiés par son digne collaborateur.

juillet 1626, écrite au cardinal Richelieu par l'évêque Claude de Rueil, lettre où, à propos de la triste situation de Bayonne après une inondation qui avait eu les proportions d'un immense désastre, le prélat demande avec la plus vive énergie et, en quelque sorte, avec une paternelle émotion, que l'on vienne enfin au secours de la malheureuse ville depuis près d'un an (octobre 1625) de tous abandonnée.

Ph. TAMIZEY de LARROQUE.

I

Au roi Charles IX (1).

Sire, au mois d'aoust dernier, estant le compte de Montgomery (2) en ceste frontiere avec son armée fit semblant de se voulloir ruer sur ceste ville, comme souvant en avions des advertissemans; et d'aultant que du cousté du chasteau neuf et puis le bastion Sainct-Jacques jusques à la tour du Sainct-Esprit, les repparations encommencées sont en tel estat que en divers endroictz elle est subjecte à une escallade, comme est à ung recoing de mur, lequel soustient les cheynes traversans la rivière, nous nous assemblasmes avec voz officiers chez Monsieur le viscompte d'Orthe, nostre gouverneur (3), pour deliberer de ce qu'estoict à faire pour la deffandre. Toutesfois, ne se trouvant aucune finance, fut advisé de prendre mil livres tournois sur ce que le maistre de la monnoye, Sire, vous pourroit devoir pour les emploier aux repparations les plus necessaires et pressées, attandant que nous fissions une levée de deniers sur nous pour les continuer; car cela estoit bien peu, et le tout a esté distribué par les ordonnances et commandement dudict sieur viscompte et contrerollé par vostre contrerolleur général des repparations de Guyenne, oultre ce que nous y avons tousjours assisté et despandu du nostre, six mil livres et plus, comme y despendons encores, tant pour la continuation desdictes repparations que pour la paye et solde de deux cens hommes que nous y avons entretenu quelque temps; et ce pardessus l'achapt des farines. En somme, Sire, nous nous y sousmes agaigés et endebtez, comme nous vous fismes entandre dès lors par nostre depputé, par lequel vous pleust nous mander que feriez tenir quicte ledict maistre particulier de la monnoye de ladicte somme de mil livres en monstrant des ordonnances sur ce expediées. Toutesfois fut vollé en s'en retournant par vos ennemys. Du despuis, vous fismes entandre l'estat de ceste ville par le cappitaine Saincte-Colonne. Et parce que ledict maistre de monnoye poursuit sa descharge en vostre chambre des monnoies, nous luy avons baillé les

---

(1) Bibliothèque Nationale, Fonds Français, vol. 15551, p. 223.
(2) Gabriel, comte de Mongonmery, entra dans Orthez le 13 août.
(3) Adrien d'Aspremont, vicomte d'Orthe, dont je publierai bientôt quelques lettres fort curieuses.

rooles et ordonnances signées et contrerollées dudict sieur viscompte et contrerolleur, car il a esté constrainct de le bailler par commandement dudict sieur viscompte avec l'adviz de voz officiers et nous. Parquoy vous supplions très-humblement, Sire, commander qu'il en soict tenu pour aquicté et deschargé, attendu que ladicte somme a esté employée pour le bien de vostre service et vous souvenir, Sire, s'il vous plaist, que si ceste dicte ville n'est acoultrée d'aultre façon, qu'elle n'est du tout vostre. Nous disons cecy pour vous supplier très-humblement que à l'imitation des roys voz prédécesseurs, vous la vueillez rendre toute vostre par fortiffications, car pour le reguard de noz voluntez, elle l'est toute.

Sire, nous supplions le Créateur de vous donner en sancté très-bonne et très-heureuse vie.

De vostre ville de Baionne, ce xiii avril 1570.

Voz très-humbles, très-obeissans affectionnez subjectz et serviteurs,

Les eschevins, gens de conseil, corps et comunaulté de vostre ville de Baionne.

DUTHOYA, greffier.

II

A Catherine de Médicis (1).

Madame,

La nécessité, inventeresse de bons engins, nous a constrainct importuner Vos Magestés à ce que le havre de ceste vostre ville fut parachevé, et amprès que le Roy et vous avez veu le besoing que nous en avionz, il vous a pleu nous deppartir voz graces et faire ordonner la somme de soixante mil livres estre mise et imposée sur les cinq senneschaulcées contribuables, et desjà l'argent des deux quartiers est levé. Toutesfois nous sommes advertiz que ledict mandement a esté revoqué combien que, en vertu de lettres-pattantes que nous en avons obtenues, nous aions baillé trente des principaulx bourgeois pour plèges, comme plus particulièrement vous fera entandre Monsieur (le) lieutenant en la mairerie de ceste ville que nous envoions devers Ses Magestés, sy tant est que nous recevons ce lien et faveur que de le voulloir ouyr. Et d'aultant, Madame, que, amprès le Roy, ceste pouvre ville appuye ses espérances sur vous, nous vous sup-

---

(1) Ibidem, vol. 15554 p. 83.

plions très-humblement vous souvenir de quelle importance ceste ville est à Ses Magestez et, en ce faisant, la voulloir accommoder des choses necessaires pour la garde d'icelle et nostre commune habitation, et tout ce qui vous demeurera de nous n'est que une pure et fidelle volunté d'exposer vie et biens pour le service de Ses Magestez.

Madame, nous supplierons le Créateur qu'il vous aict en sa saincte et digne garde.

De vostre ville de Baionne, ce xv avril 1572.

Voz très-humbles, très-obeissans subjectz et serviteurs,

Les eschevins, gens de conseil, corps et communaulté de vostre ville de Baionne.

DUTHOYA.

III

Au roi Henri III (1).

Sire, il a pleu à Dieu et à Vous nous envoyer la paix tant desirée, laquelle Monsieur de Trignan, commandant pour Vostre Magesté en ceste ville et frontiere, a faict publier comme ont faict depuis voz officiers; et a esté receue d'une telle alaigresse, qu'il semble à veoir que tout d'ung coup ez environs de ceste vostre ville les voluntez de voz subjectz se soient reduyz, qui nous faict esperer toutes choses paisibles à l'advenir pour y vivre entierement soubz voz loix et commandement. Sire, puis trois jours, l'estat de lieutenant du sénéchal au siége de ceste ville a vaqué par le décès de Mr Anthoine de Lahet, et d'aultant que Vostre Magesté y pourroit pourvoir cependant, n'estant adverty des mœurs et vies de ceulx qui vous en pourroient faire instance, et que ledit estat requiert ung homme paisible et qui s'entende avec celluy qui commande en ceste vostre ville, nous vous supplions très-humblement qu'il vous plaise pour le mieulx de vostre service ne admectre audict estat aucune personne qui vous en pourroit faire instance sans au préalable en avoir l'adviz dudict sieur de Trignan, vos dicts officiers et nous, afin que Vostre Magesté ne soit circonvenue et soit certaine par nous de celluy qui vous sera fidelle et affectionné subject et serviteur et homme de probité esprouvée et qui ait tousjours les affaires de Vostre Magesté en telle recommanda-

---

(1) *Ibidem*, vol. 15560, p. 98.

tion que chose du monde, vous asseurant, Sire, sur noz vies et honneurs, que ne vous sera nommé homme quy ne soit digne de ladicte charge, si tant est qu'il vous plaise nous honnorer de tant que d'en avoir sur ce l'adviz dudict sieur de Trignan, vos dictz officiers et nous. Ce faisant, la justice sera exercée en toute integrité, vous suppliant très-humblement nous avoir tousjours en vostre bonne grace et souvenance, sçachant très-bien que estant accompagnez d'icelle, ce nous sera le plus grand heur que nous pourrions recevoir en ce monde.

Sire, nous supplierons le Créateur vous donner en sancté très-bonne et très-longue vie.

De vostre ville de Baionne, ce xiiij de juing 1576.

Voz très-humbles, très-obeissans et affectionnés subjectz et serviteurs les lieutenant, eschevins et gens de conseil de vostre ville de Baionne.

DUTHOYA, greffier.

IV

Au roi Henri III (1).

Sire, ayant escript à Vostre Magesté par ma lettre du viii de ce mois les préparatifz de guerre qui se font de deça et les entreprinses que l'on faict sur ceste ville pour le mauvais estat où elle est, je n'en repeteray autre chose par la présente, sinon que nous sommes journellement en alarme, mais depuis j'ay eu advis très-certain qu'il y a six vingtz mil escuz dans le chasteau de Pampelune pour bailler au roy de Navarre lorsque commencera la guerre en ce royaulme, ce qui d'autant plus me donne occasion de supplier, comme je fais très-humblement Vostre Magesté, de faire pourveoir et remedier aux necessitez de ceste pauvre ville, suppliant le Créateur qu'il vous donne,

Sire, en très-parfaicte santé, très-heureuse et longue vie.

Escript à Bayonne, le xme janvier 1584.

Vostre très-humble, très-obeissant, très-affectionné, très-fidelle serviteur et subject.

A. DE LAYLHER (2).

(1) *Ibidem*, vol. 15567, p. 22.
(2) Jean Denis de la Hillière, qui avait succédé, comme gouverneur de la ville de Navarre, à M. de Treignan, successeur lui-même du vicomte d'Orthe. M. Berger de

V

Au roi Henri III (1).

Sire,

Je me suis tellement asseuré ez promesses qu'il a pleu à Vostre Majesté de me faire, mesme en la confirmation d'icelles par voz lettres clozes du viii may dernier, sur la récompense des services que j'ay faictz en l'estat de lieutenant en la maireyre de ceste ville, puis longues années, que se présentant ceste occasion, vous honnorerez Mʳ Pierre de Sorhaindo, mon filz, advocat au parlement de Bordeaux, de l'office de lieutenent du bailly de Labourt quy vacque par le decez de feu Mʳ de Goussiondo; et si tel est vostre bon plaisir, comme j'en supplye très-humblement Vostre Majesté, Sire, vous obligerez moy et mon filz d'employer non seullement le peu de moyens que Dieu m'a donnez, mais noz biens propres pour vous faire très-humble service, comme sans cella nous serons toujours disposez de faire de la mesme voullunté de laquelle je supplye Nostre Seigneur,

Sire, vous donner en toute perfection de santé très-heureuse et longue vye.

Escript à Bayonne, le vi juillet 1584.

Vostre très-humble et très-obeyssant serviteur et sugect,

SORHAINDO (2).

Xivrey (note de la page 471 du tome i des *Lettres missives de Henri IV*) cite, au sujet d'une lettre que le roi de Navarre adressa, le 3 septembre 1582, à ce gouverneur, pour avoir des nouvelles du combat naval où périt Strozzi, ce passage des *Mémoires* de de Thou : « C'était un vieux capitaine fort simple et si accoutumé à la fatigue qu'il couchait en tout temps la tête nue et buvait toujours du vin pur, sans s'en trouver incommodé, quoique le vin de Chalosse, dont il usait, soit le plus fort de la province. » M. de Xivrey ajoute : « Il était des bons amis du roi de Navarre ; comme le prouve ce récit d'un fait que d'Aubigné place quelques années auparavant : « Il print une gaillarde humeur au roi de Navarre d'aller lui septiesme dans Bayonne à un festin qui lui fut preparé, où tout ce peuple environna sa table de danses de differentes façons. La Hillière, leur gouverneur, menoit la première. » On voit par la lettre que l'on vient de lire que, malgré ce récit tiré du livre iii, chapitre xiii, de l'*Histoire universelle*, M. de la Hillière n'était pas assez des *bons amis du roi de Navarre*, pour ne pas dénoncer ses menées à Henri III.

(1) *Ibidem*, vol. 15568, p. 201.

(2) Jean de Sorhaindo était déjà sous-maire de la ville de Bayonne en 1572. Le lieutenant Pierre de *Sorhaindo* a été appelé *lieutenant Soranda* par l'éditeur des *Lettres missives de Henri IV*, dans le texte d'une lettre du 26 février 1575 aux maire et jurats de Bayonne (t. iv, p. 313).

VI

Au sieur de la Hillière, gouverneur de Bayonne (1).

Monsieur de la Hillière, j'ay divers adviz des desseins de l'armée espagnolle; et les plus certains, dit-on, sont qu'elle veult aller à vous et à nous par deça, et qu'ilz se fient en quelques intelligences, dont je veux bien vous advertir de rechef, affin que vous donniez ordre et pourvoyez à la conservation de la place et du gouvernement que

---

(1) *Ibidem*, vol. 24058. C'est la 16ᵉ et dernière pièce du volume entièrement consacré à Bayonne. Voici l'énumération des autres pièces, toutes originales et presque toutes sur parchemin :

1º An 1458. 2,800 livres sont allouées au capitaine et maire de Bayonne, Martin Garcie (*nostre ami féal chevalier et chambellan Martin Garcie*, etc.), pour la solde de ses 50 lances;

2º An 1461. Gages de Jehan le Boursier, chevalier, sieur d'Esternay, quitittaé maire de Bayonne en l'année 1452 et auquel, depuis ce temps-là, les gages étaient dus;

3º An 1466. Gages d'Estiennot de Taularesse, escuyer, gouverneur, maire et capitaine général de Bayonne, Saint-Jean-de-Luz et Capbreton, nommé le 3 novembre 1464, à ces offices alors vacants par le trépas du sieur de Lescun, seigneur de Sarraymet;

4º An 1491. Pour les habitants de Bayonne (17 novembre);

5º An 1493. Labat d'Aydie, « capitaine du vieil chasteau de Bayonne »;

6º An 1514. Bail de la ferme et traité de la grand'coustume de la ville de Bayonne;

7º An 1514. Roger de Gramont confirmé dans son office de maire et capitaine de Bayonne;

8º An 1514. François Iᵉʳ confirme les coutumes de la ville de Bayonne à Roger de Gramont, conformément aux traités des rois ses prédécesseurs avec les prédécesseurs dudit Roger;

9º An 1514. Droit des habitants de Bayonne de prendre à leur profit une partie des entrées de leur ville;

10º An 1543 (10 mai). Le roi donne aux habitants de Bayonne (*importante clef du royaume*) la moitié des coutumes qui se lèvent sur la ville, pour leur fournir le moyen de la réparer et de la fortifier;

11º An 1544 (29 mai). Lettres en faveur des habitants de Bayonne au sujet de la juridiction et de l'appel des causes pour la justice et police civile et criminelle;

12º An 1557 (26 juillet). Deniers destinés à la réparation des ponts de Paincault et du Saint-Esprit. (On prend pour cet effet la moitié du revenu de la grande coutume de la ville.)

13º An 1572 (5 juillet). 800 livres allouées pour achever le Boucaut de Bayonne;

14º An 1590. Remboursement aux maire et échevins de Bayonne de 1,600 écus par eux dépensés pour les fortifications de leur ville;

15º An 1591 (12 août). Rôle des journées employées pour monter l'artillerie du roi à Bayonne par commandement de M. de la Hillière, gouverneur et lieutenant pour le roi à Bayonne et pays circonvoisins (rôle signé : Denys de Laylhert).

vous avez en main, et dont le Roy, mon seigneur et frère, se repose du tout sur vostre fidellité, car pour le regard de deça je suis resolue d'animer tout à la deffense de la liberté et à expulser la tirannie espagnolle. Vous adviserez, Monsieur de la Hillière, ce que je pourré faire pour vous aultres, car je vous asseure que je ne m'y espargneré non plus que je ferois très-voluntiers pour vostre particulier quant l'occasion s'en presenteroit. J'ay pancé d'escripre aussy à Messieurs du corps de la dicte ville affin qu'ilz considèrent leur peril dès qu'ilz se representent le bel ornement de leur liberté et la laideur du joug espagnol. Mandez moy, je vous prie, ce que vous sçaurez de nouveau et croyez que je seray à jamais, Monsieur de la Hillière,

Vostre bien affectionnée amye,
Catherine (1).

Des Eaues-Chaudes, le xviiie jour de septembre 1591.

VII

Au roi Henri IV (2).

Sire, sur le bruict commun qui courust il y a quelque temps que le sieur de la Ylhère, gouverneur de ceste vostre ville de Bayonne, remectoit la charge de gouverneur entre les mains de Vostre Magesté (3) pour en pourvoir ung de deux ou trois seigneurs qui con-

---

(1) Plusieurs lettres inédites de Catherine ont été publiées dans la *Bibliothèque de l'Ecole des Chartes*, par un érudit mort trop jeune, M. Ernest de Fréville. Quelques autres lettres ont été données par miss Freer, dans sa vie de Jeanne de Albret, (en anglais), Londres, 1855, et par Mme la comtesse d'Armaillé, dans son étude historique intitulée : *Catherine de Bourbon, sœur de Henri IV* (Paris, 1865, in-12). Il reste encore beaucoup d'autres lettres de Catherine à recueillir, et je voudrais bien que l'on mît au jour la correspondance complète de l'aimable princesse.

(2) *Ibidem*, vol. 24155 (non paginé).

(3) Le 25 février 1592, M. de la Hillière écrivait à Henri IV une longue lettre dont j'extrais seulement quelques lignes : « Je n'ay failly d'advertir V. M. de toutes les occurrences qui se sont passez en ces quartiers et de l'estat de ceste ville, laquelle a esté fort menassée par les Espagnolz, nos voisins, avant que leur armée fust en place contre les Arragonois, lesquels le roy d'Espagne a faict et continue de faire mourir les principaulx et ung grand nombre des autres, tellement que ceste severité a faict renflammer et opiniastrer contre luy les villes de... (noms illisibles) que l'on estime pouvoir, avec quelque peu d'assistance, résister à ses forces, ou pour le moings elle empeschera et destournera d'autant de pouvoir entreprendre de deça, mais il n'a laissé toutesfois, depuis trois jours, de faire venir son armée en mer au port du Passage, qui n'est qu'à cinq lieues d'icy, et le peu de munitions d'artillerie et vivres qui

couroyent en ce temps-là à ladicte charge, toute ceste ville depputta vers Vostre Magesté le syndic d'icelle pour vous faire très-humble remonstrance sur ledit changement comme prejudiciable à vostre service et au bien de ceste ville. Nous le rappellasmes estant bien avant en chemin, sur l'asseurance qu'on nous donna que Vostre Magesté regetoit aultant que nous mesmes tel changement, et que ledict gouvernement demeureroit indubitablement entre les mains dudict sieur de la Ylhère, de manière que craignant de faire une despence superflue d'y envoyer lors des depputtés, nous nous contentasmes d'en escripre à Vostre Magesté et la supplier très-humblement par despesche particullière, comme nous feismes, de remettre à quelque aultre saison ledict changement, ou en evennement qu'en feussiez pressé, qu'il vous pleust avant pourvoir audict gouvernement, nous ouyr sur les très-humbles remonstrances qu'aurons à faire à Vostre Magesté, pour empescher tel changement. Nous craignons, sire, que telle despeche ne vous ayt esté randue, veu qu'on nous vient d'advertir qu'estes sur le poinct de pourveoir de cedict gouvernement le sieur de Gramont, nostre mayre (1), sans nous ouyr. Sire, ce changement importe bien tant vostre service et le bien de ceste vostre ville, principallement pour l'incompatibilité qu'il y a qu'ung mesme seigneur soit gouverneur et mayre, que nous n'avons peu nous passer d'entrer en une grande despence et depputtez vers Vostre Magesté, ung eschevin et ung jurat de ce corps de ville, porteurs de ceste-cy, et cella d'ung commun consentement des officiers de Vostre Magesté, corps et communaulté de ceste dicte ville, pour vous faire sur ce subject les très-humbles remonstrances dont les avons chargés, qu'ils ont signées et nous tous. Nous vous supplions très-humblement, Sire, de les ouyr et nous accorder ce que nous demandons de Vostre Magesté, quy est plain de justice. Au demeurant, sire, nous vous fismes dernièrement despeche sur le canon. Il plaira à Vostre

sont en ceste ville, joinct à l'ouverture de la rivière et des chesnes, nous mect en deffiance. C'est une bonne occasion de supplier très-humblement V. M. d'y voulloir ordonner quelque bon moien et provision, selon que le voisinage et puissance d'ung tel ennemy le requiert. Cependant je continueray à veiller pour ce qui est du bien de vostre service et la conservation de ceste ville, que je tiens de V. M., plus chère que ma vie. Sire, je vous ay de si long temps et souvent représenté ceste necessité que je crains de vous ennuyer, n'ayant mesmes depuis six mois receu aucune lettre et commandement de V. M. de laquelle j'attends en bonne devotion cest honneur, etc. » (*Ibidem*, vol. 24155.)

(1) Antoine de Gramont, souverain de Bidache, comte de Guiche, puis duc de Gramont (décembre 1643), le fils de Corisande d'Andouins et le père du maréchal de Gramont.

Magesté se ressouvenir de la necessité que ceste vostre ville en a et y pourveoir sellon vostre bon plaisir si plainement, que le seigneur de La Force soit sans excuse (1) et que Messieurs de Bear n'ayent moien d'empescher l'exécution de vostre volunté et nous prierons Dieu, sire, vous accroistre en prosperité et grandeur.

De vostre ville de Baionne le vingtiesme d'octobre 1593,

Voz très-humbles, très-fidelles et très-obeissants serviteurs et subjectz.

Les lieutenant du maire, eschevins et gens du conseil de la ville de Baionne.

Du Marguet, greffier (2).

VIII.

Au roi Henri IV (3).

Sire,

Il m'a semblé estre de mon devoir de donner advis à Vostre Majesté de ce qui est survenu en vostre pais de Labourt depuis peu de jours. Les habitans de Bayonne, par déliberation de tout le corps de ville, ont faict sortir deux cens hommes armés la nuict et envoyés à une paroisse audit Labourt nommée Sainct-Jean de Liutz (4), où estant, ils ont mis le feu à une maison par troys endroitz, tué deux hommes, poleu (5) et profané l'église, ayant rompeu les portes d'icelle, et ont faict les prisonniers en nombre de cinq qui les (6) detiennent encores, et le tout est advenu soubz prétexte de ce que un habitant dudit lieu a passé troyz barricques de vin à une grande lieu plus hault de Bayonne à un port là où on a accoustumé de passer. Voilla la vérité de ceste affaire. Je croy, Sire, que Monsieur de Gramont en a donné advis à Vostre Majesté, suppliant très-humblement Vostre Majesté voulloir faire pourvoir que les habitans de Labourt puissent estre assurés de leurs maisons. Je tiendray la main pour le bien du service

---

(1) Jacques Nompar de Caumont, duc de La Force, avait été nommé gouverneur de Béarn et vice-roi de Navarre le 13 mars précédent.

(2) Voir la réponse du roi, datée du 26 octobre 1593, dans le tome IV des *Lettres missives*, p. 43. Voir, sur le même sujet et aussi sur la demande de canons, une autre lettre du 10 octobre 1594 (t. IV, p. 227.)

(3) *Ibidem*, vol. 24026 (non paginé).

(4) Saint-Jean-de-Luz, à 20 kilométres de Bayonne.

(5) Pour : *pollué*.

(6) Pour : *qu'ils*.

de Votre Majesté qu'il n'advienne pis de cest affaire, attandant les commandemens de Votre Majesté que j'effectueray de poinct en poinct. Cest affaire est survenu à l'absence de Monsieur de Gramont et de moy qui prieray Dieu,

 Sire,

   qu'il vous doinct très longue et heureuse vie.
 Votre très-humble et très-obéissant subiect et serviteur,
        DAMON.

De Saint-Pé en Labourt, le xxviii novembre 1602 (1).

IX

Au roi Henri IV (2).

 Sire,

 Nous avons eu ce bon heur de tout temps d'avoir esté recogneus de nos Royz non seullement leurs très-fidèles subjectz, mais plainez de modération aulx affaires publicqs quy se sont présentez en ceste ville, sans que jamais nos prédécesseurs ny nous ayons comis aucun acte violant quy ayt peu desroger ny nous faire perdre ceste réputation, et avons encore ce bien que, pendant vostre règne, nous n'avons pas seullement esté recogneuz telz de Vostre Majesté et de tout le royaume, mais encores des royaumes estrangers qui ont senti noz fidellitez et n'ont peu jamais esbranler la volonté du moindre des habitanz de ceste vostre ville à l'effet contraire, comme estant nostre volonté inséparablement attachée au service de nos Royz, qui faict que nous ne craignons nullement les calomnies de noz malveilhantz, ayant principallement à faire à Vostre dicte Majesté quy cognoist nos actions de longue main et sçayt que nous n'avons jamais aymé le sang ny la violance. Nous sommes néanmoingz advertiz, Sire, que Monsieur le comte de Gramont, nostre gouverneur, mal informé de quelque différand qui est arrivé en son absence en ceste ville entre le scindicq d'icelle, demandeur en contravention aulx statutz et règlementz, et certains particuliers circonvoisins coutumiers à frauder les droictz de Vostre Majesté et nostres, vous a donné im-

---

(1) La justification des Bayonnais va être faite par eux-mêmes dans les deux pièces suivantes et principalement dans la première.
(2) *Ibidem.*

pression de cest affaire sur le rapport d'aultruy bien esloigné, soubz vostre correction et science, de ce quy a passé; de quoy nous avons beaucoup d'interest de nous justiffier devant Vostre dicte Magesté quy nous a tousjours réservé l'une oreilhe; et de faict vous supplions très-humblement nous permettre de vous dire somairement la véritté de cest affaire, quy est qu'il s'agist icy de deux contraventions faictes à mesme heure par ung des scélérats hommes de ceste frontière et ses complices, lesquelz ayant esté poursuiviz par vertu desdictz règlemenz observez de tout tempz et par toutes sortes et qualitez de personnes, ainsy qu'il se justiffie par tiltres très-antiens de plus de troiz à quatre cenz ans, auroient faict deux rebellions remarquables tant à nostre cappitaine du guet, qui avoit à leur préjudice saisy quelque vin subject à confiscation, qu'au magistrat, baptu et maltraité ledict cappitaine et enlevé ledict vin avecq armes à feu et assemblée illicitte; et bientost après, ainsy que ledict magistrat poursuivoict ladite prinse, conformément ausdictz statutz et lettres pattantes contenant tel pouvoir, auroient, continuant leur dicte rebellion à l'arrivée dudict magistrat et sanz le vouloir escouter, deslaché plusieurs arquebusades, blessé à mort ung des habitanz qui assistoient ledict magistrat d'une d'icelles à travers le corpz, quy meurt peu à peu en languissant, et est impossible qu'il en reschappe, et de deux aultres coups blessé au bras ledict cappitaine du guet, qui est en danger d'en estre mutillé, et ung aultre habitant en la teste : de quoy ayant esté informé, par nostre auchoritté (avons) aprehandé l'autheur de ce désordre et quatre aultres avecq luy, faict le procès suivant nos dictz règlemenz et prononcé sentence de condempnation au fouet. Ilz s'en seroient renduz appellanz et despuiz faict informer contre nous leur magistratz par auchoritté de la court de parlement de Bourdeaux, où ayant esté toutes procédures portées et les prisonnierz conduictz, ladicte court a trouvé tant de deffaultz et soubçon à leur prétendue information qu'elle n'y a adjousté aucune foy; au contraire a ordonné qu'il seroit informé sur la totale véritté du faict par ung commissaire non suspect à la diligence de toutes parties, les procédures demeurant au procez, ainsy que nous justiffions à Vostre Majesté par l'arrest de ladicte court enclos en ceste despesche, et de la véritté du faict par une coppie des procez verbaulx et de l'information faite par nostre auchoritté aussy cy encloses. Et jaçoit que la cause du magistrat soict tousjours plus favorable, par ainsin que ledict sieur de Gramont deust, soubz sa correction, avant vous despescher ce gentilhomme, s'esclaircir avecq nous de la véritté du faict et ouyr nos raisonz, sy est-ce que soubz l'adviz receu par (une) personne qui nous a tousjours traversés et duquel la ville vous a cidevant faict plainte, il a fait entendre à Vostre Magesté la prétention de ceux qui ont offert à la ville, viollé nos statutz et faict ces rebellions, et taise notre juste cause, ayant encore choisy le sieur de Six (?) pour en faire le rapport à Vostre Majesté qu'il sçavoit estre comme nostre partie en cest affaire, et personne que ceux qui poussent noz parties affectionent extrêmement, de manière, Sire, qu'estant cest advis envoyé par Monsieur de Gramont, quy en estoict, comme dict est, mal informé, et rapporté par personne sy suspectes, nous ne nous estonnonz pas sy Vostre Magesté en a eu mauvaise impression, et a esté meue d'en escripre à Monseigneur le mareschal d'Ornano aux termes qu'il a pleu audict sieur nous le taire sçavoir; de quoy ceste ville a notable interest de se justiffier, comme elle faict par le moyen de ce discours et des pièces justificatives d'icelluy, et le fera encore dans peu de jours sy clairement, que Vostre dicte Majesté cognoistra que toute la faulte vient des prevenus (?) et non de nous, quy n'avons faict en cest affaire que user de notre jurisdiction. Votre Magesté verra aussy, s'il luy plaist, par aultre procès verbal cy-enclos, que le magistrat n'est sorty de la ville qu'avecq l'advis du sieur de Sansacq, lieutenant au gouvernement (1), et non de nostre seulle authoritté, ainsyn qu'il a esté rapporté à Vostre dicte Majesté, et que toutes choses ont passé avecq plus de prudence qu'ilz ne disent, vous suppliant très-humblement, Sire, d'effacer la mauvaise oppinion qu'on a tasché vous imprimer, tant pour ces raisons que par la differance qu'il y a de ce corps de ville, quy s'est toujours bien et sagement comporté, à ceux quy ne font tous les jours que des rebellions contre vostre justice, estant ayzé à la ville de monstrer qu'il s'est comis au pais de Labourt puis dix ans en ça, plus de soixante dix murtres et deux cens notables rebellions, de quoy, Sire, personne ne se soucie, sy bien qu'il est impossible d'exploieter aucun acte de justice en ce paiz la, quy rend tousjours nostre cause plus plausible et eulx comme rescidifs et coustumiers en perpétuel soubçon de mal faire. Cella nous fait espérer, Sire, que Vostre Magesté, quy a la balance de la justice en main, contrepèsera nos raisons à celles que nos parties vous ont faict entendre, et seroit le comble de nostre bonheur que Vostre Magesté nous feist ce bien

(1) Sur ce gentilhomme, qui appartenait à la même famille que l'archevêque de Bordeaux, Prévost de Sansac, voir les *Mémoires du duc de Caumont-La-Force* (t. II, p. 44-361).

d'évoquer à soy les procès que nous avons ensemble, affin que par la veue des pièces elle peut veoir clairement combien injustes sont leurs poursuites et que, par ce moien, nous demeurissions deschargés de toute calumnie et maintenus par arrest de Vostre Magesté en noz antiens statutz et règlemenz, comme nous espérons l'estre par arrest de ladicte court de parlement de Bourdeaux, sy elle en juge deffinitivement, et en cest endroict prions Dieu,

  Sire,
    pour voz longs jours et accroissement de vostre royauté et grandeur.

De Baionne, le xxiii febvrier 1603.

  Vos tres-humbles, tres-fidelles et tres-obeissants serviteurs et subiectz,

  Les lieutenant en la mayrerie, eschevinz et conseil de vostre bonne ville et citté de Baionne.
Par mandement des sieurs,
    De MARMANDE, greffier.

X

Au roi Henri IV (1).

Sire,

Vostre Magesté ayant esté advertie d'un differand qui survint icy au moys de novembre dernier pour quelque contravention faicte (au préjudice de voz droictz et des nostres) à noz antiens statutz et reiglements, par aulcuns de nos circonvoisins, contre lesquelz on fut contrainct d'uzer des remeddes de la justice et qui nous sont permis par nosdictz statutz et par les lettres patentes à nous sur ce octroyées par Vostre Magesté, elle nous auroit commandé vous envoyer celluy de noz eschevinz soubz la conduite duquel la susdicte exécution avoit esté faicte, pour, luy ouy, en estre par vous ordonné : pour à quoy satisfaire, Sire, le sieur de Lavalde, présent porteur, que Vostre Magesté cognoist, s'en va la trouver, estant celluy qui eust ceste charge, et qui pour l'effectuer sortit de ceste ville avec quelque nombre d'habitanz et sur le soir (à la vérité), mais ce fust

(1) *Ibidem.*

avecq le sceu et congé du sieur de Sansac, lieutenant de M. de Grandmont, nostre gouverneur, et pour ne perdre l'occasion d'avoir justice de ceste contravention, quoy qu'on aye voulhu faire entendre à Vostre Magesté, ainsy qu'elle sçaura plus particullièrement de luy. Que sy en cela il s'y est passé quelque chose d'extraordinaire et contre nostre intention, on y a esté forcé par l'insolente témérité et provocations de ceulx qui avoient ainsy fraulé vos dictz droictz et viollé noz statuz et règlemenz, pour raison de quoy, Sire, nous en sommes encores en procez en vostre court de parlement de Bourdeaux, où nous esperons d'en avoir bonne justice et encore meilleure s'il plaisoit à Vostre Magesté, Sire, en prendre cognoissance, d'aultant qu'elle sçait trop mieulx noz bonz desportemenz et la fidelle affection que nous avonz tousjours eu au bien de vostre service et au repos et conservation de ceste ville en l'obéissance de Vostre Magesté, laquelle nous supplions le Créateur,

Sire, voulloir bien conserver en toute prospérité.

A Baionne, ce dernier jour de mars 1603.

Voz tres-humbles et tres-affectionnés serviteurs et subects,
Les lieutenant en la mayrerie, eschevins et gens de conseil de la ville de Baionne.

DUMARGUET, greffier.

XI

Au cardinal de Richelieu (1).

Monseigneur,

Vous m'avez donné la loy dans laquelle je suis demeuré jusques aujourd'huy, et n'en sortiray jamais de ses termes, d'avoir recours à vostre faveur en ce qui me regarde, le bien de mes affaires ou de mon advancement. Rien ne me doibt toucher de si près, Monseigneur, que mon diocèse. Bayonne est en un estat que, quand je n'en serois pas l'evesque et que pourtant j'en eusse la connoissance, je la vous devrois donner, étant ce que vous estes dans la France. Ce n'est plus

(1) Archives Nationales, carton K 113.

une ville, c'est un village, sans ponts, sans chesnes. Les deux tours qui font les deux extrémités sur la rivière du reflux renversées, le bastion qui regarde l'Espagne crevassé et entièrement esboulé, les habitans d'icelle sans pouvoir d'y remedier, sy ne vous plaist, Monseigneur, jetter les yeux sur leur requeste et la leur faire accorder par le Roy, ce que vous trouverez, Monseigneur, d'autant plus aysé, que leur demande et leurs offres se font sans fouiller dans les coffres du Roy, sans faire aucune imposition sur les peuples. Il n'y a que les seuls partisans qui ont affermé leur coustume qui en recepvront dommage, ou, pour mieux dire, qui fauldront à gagner, car une ville se chargera de la refection de ses ruines en leur accordant la preference de la ferme de leur coustumes, et par le léger dommage de deux ou trois personnes privées, la ville se trouvera réparée, la frontière assurée, et le service du Roy affermy d'aultant plus en ce pays, où il n'a tenu qu'à la foiblesse et laschelé de nos voisins qui ne s'en soyent prevaluz; et vous diray, Monseigneur, que Bayonne n'est point si peu considérable qui n'asseure au Roy soixante lieues de pays et trois ou quatre bons portz. Je vous jure, Monseigneur, que tous les procez verbaux que l'on en peut avoir dressez ne sont rien en comparaison de la veue, quy rend sy horrible la face de nostre ville, et honteuse la nonchalance que l'on y a apportée à y remedier jusques aujourd'huy.

Monseigneur, vostre très-humble, très-obéissant
et très-obligé serviteur,
Claude, ev. de Baionne.

A Baionne, ce dernier juillet 1626 (1).

XII

Au duc de Vendôme, amiral de France (2).

Monseigneur,

Quoique nous ne doubtions pas que Vostre Altesse n'ayt des advis des vaysseaux de guerre que les ennemys de l'Estat préparent au Passage et ailheurs pour favoriser les rebelles de Sa Majesté, nous avons creu estre de nostre debvoir de luy faire part des nouvelles certaines qui nous sont arrivées le jour d'hier de la frontière et de

---

(1) Claude de Rueil, quelques jours après, était transféré sur le siége d'Angers qu'il occupa jusqu'en 1649 : il fut remplacé dès le 1ᵉʳ octobre 1626, par Henri de Béthune, nommé ensuite évêque de Maillezais et enfin archevêque de Bordeaux.

(2) Archives nationales, registre KK 1220, p. 37.—César de Vendôme était surintendant général de la navigation depuis le 12 mai 1650.

la coste d'Espagne, sur le subjet des armementz navalz, asscavoir que l'escadre de Calis (*pour* Cadix), composée de huit grands vaysseaux, et autres moiens, est preste à faire voile, et qu'on travaille avec empressement à donner carenne et mettre en estat douze vaysseaux de guerre qui sont au Passage, lesquels on croit pouvoir estre prestz vers la fin du moys prochain, et on a fait dessendre des troupes espagnoles et irlandoises quy estoint ez environs de Saint-Sebastien et du Passage, qu'ils ont placé à Fontarrabye et lieux circonvoisins, et à mesme temps ils ont arresté ez ports des dicts lieux de Saint-Sébastien et du Passage, tous les vaisseaux espagnols et étrangers, au nombre desquels il y eu a trois du pays de Labourt prestz à partir pour la Terre-neufve, ce qui nous donne de la jalousie, cy ce n'est que ce soit pour faire un prompt embarquement de ces gens de guerre, et qu'ilz veuilhent faire joinction de l'escadre de Calis avec ceux-cy pour les faire aller, attandant que ceux que l'on accommode au Passage soient prestz, surquoy Vostre Altesse fera les considérations qu'elle treuvera à propos; à laquelle nous dirons aussy avoir receu nouvelles de Madrid aussy le jour d'hier, que dom Joan d'Austria a esté faict visse Roy ou gouverneur de Cathalongne, et que le Roy d'Espagne est malade. Nous avons envoyé par le mesme courrier advis à Monseigneur de la Vrilliere, secrétaire d'Estat, pour les donner au Roy; et sy, Monseigneur, ceste diligence vous est agreable, comme nous le croions nécessaire, Vostre Altesse n'aura qu'à nous prescrire les ordres et adresses qu'elle désirera que nous tenions, et nous luy renderons certainement noz très-humbles et fidelles obeyssances et luy tesmoignerons en toutes choses que nous sommes de Vostre Altesse,

  Monseigneur, les très-humbles et très-obeyssans serviteurs les eschevins, jurats et conseil de la ville et citté de Bayonne,
    Par mandement desdicts sieurs,
      Dordoy, secrétaire.

Bayonne, ce XIII mars 1653.

XIII

Au même (1).

Monseigneur,

Quoyque Vostre Altesse sçache mieux que nous que l'armée navalle ennemye a abandonné la rivière de Bourdeaux sans faire es-

(1) Bibliothèque nationale, Fonds français, v. 11633 (non paginé).

clorre ces grands desseings que le bruit d'Espague avoit formé, nous ne laissons pas de luy dire le détailh de cette retraicte que nous venons d'aprendre, qui est, Monseigneur, que cette armée s'est divisée en mer et a fait divers ports, car il est arrivé au Passage quatre fregattes et deux bruslots; à Saint-Sébastien, deux navires de dix-huict pièces chacun; à Fontarrabye, trois petitz vayseaux, et le reste a rangé la coste de Saint-Ogno et de Saint-Ander, c'est-à-dire les grands navires que Marchin n'a pas quitté. Ces rodomonts, qui ne fuyent jamais à leur dire, publient que la seule aprehension de la peste qui infecte, disent-ils, vostre armée, les a chassés de ladite rivière. Vostre Altesse fera tel jugement qui luy plaira de cette rodomontade, et pour nous, nous nous contenterons, Monseigneur, de vous assurer que nous resterons toujours inviolablement,

Monseigneur, de Vostre Altesse,

les très-humbles et très-obeyssans serviteurs,

les eschevins, juratz et conseil de la ville et citté de Bayonne.

Par mandement desdits sieurs,

Dordoy, secrétaire.

De Bayonne, ce sixiesme novembre 1653 (1).

(1) Je signalerai ici un *Mémoire touchant Bayonne et le pays de Labourt*, que l'on trouvera à la Bibliothèque nationale, dans le tome 269 (p. 141 et suivants) de la collection Baluze dite des *Armoires*. Ce mémoire, qui est très-développé, a été rédigé par M. de Lespès de Hureaux, lieutenant général de Bayonne, qui l'adressa de cette ville, à Baluze, avec une lettre écrite en novembre 1696 (p. 153). Voir aussi (*Ibid.*, p. 157) la copie de la réponse de Baluze à l'érudit bayonnais, réponse datée du 17 mai 1697.

www.ingramcontent.com/pod-product-compliance
Lightning Source LLC
Chambersburg PA
CBHW070528050426
42451CB00013B/2902